Free write/Escritura libre

Bad days can either make or break you
It's all up to your mind to decide
Father in Heaven help me set my pride aside
Help me control what's inside
Take this as a free write that my mind wrote
On that note
Let's spread love and positivity let's be the change we all want to see in the world we are all one of the same so similar but yet so different
So let's not be indifferent.

Los días malos pueden hacerte o deshacerte,
Todo depende de tu mente
Padre Celestial, ayúdame a dejar mi orgullo a un lado.
Ayúdame a controlar lo que hay por dentro
Toma esto como una escritura libre que mi mente escribió.
En ese sentido,
Difundamos amor y positividad, seamos el cambio que todos queremos ver en el mundo, todos somos uno de lo mismo, tan parecidos pero a la vez tan diferentes.
Así que no seamos indiferentes

Llamas gemelas/Twin flame

Somos diferente pero iguales
No somos normales
De donde venimos nos dicen los anormales
Nunca olvidare las llamadas telefónicas 1..2.. hasta 3 horas hablando contigo
Mi deseo es que estuvieras siempre conmigo
La distancia a veces se siente como un castigo
Las llevo en mi corazón donde quiera que vaya
Loco por volver a casa a chinchorrear y dar una vuelta por baya.

We are different but yet so similar
We are not normal
Where we come from, we are considered abnormal
I will never forget the phone calls 1..2.. up to 3 hours talking to you
My wish is that you were always with me
Distance sometimes feels like a punishment
I carry you both in my heart wherever I go
Crazy to return home to go chinchorrear and take a walk around baya

Certainty? or Uncertainty?

some eyes say more than words do
When or where there's silence there's noise
Pain cocaine
They say that without pain there's no gain
But I say what's gain without pain?
Shame.. game.. fame...
Tired of things being the same
Are people really what they claim?
Love being unseen but would love to be seen
They say pain hurts
But I say being hurt by those you've explained
your pain to hurts more than pain itself
Wanna feel like myself
Option or priority
Minority or majority
Is drawing my escape?
Or do I escape to draw?
Uncertainty becomes my certainty

wear you proudly like a tattoo

Your strength surprises me
Your determination motivates me
Your smile brightens up my day
I have so much to say
In life remember always to be and do you no matter what they say
I don't believe in coincidences we met for a reason
If you were a season you'd be my favorite for many reasons
Misunderstood scarred sad hurt
No matter what life throws at you remember you have the power to convert.

Tu fuerza me sorprende
Tu determination me motiva
Tu sonrisa ilumina mi día
Tengo mucho que decir
En la vida recuerda siempre ser y hacer tu sin importar lo que digan
No creo en las coincidencias, nos conocimos por una razon.
Si fueras una temporada, tú serías mi favorita por muchas razones.
Ausustado/a incomprendido/a triste herido/a
No importa lo que te depare la vida, recuerda que tienes el poder de convertir

BOOK OF CONTENT

#1: Introduction
#2: Time
#3: Lenses
#4: Memories
#5: Te amo
#6: Tu
#7: W.Y.P.L.A.T
#8: C.O.U?
#9: Twin flame
#10: Free write

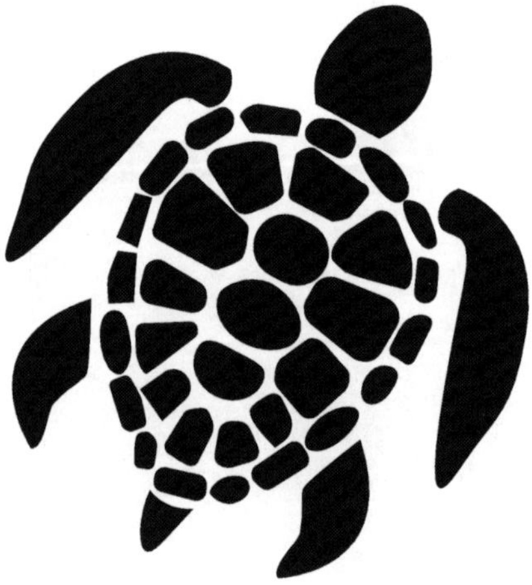

Introduction

All these words are meant for the mind and heart
Every time you get the chance to wake up that's an opportunity for a fresh start
All these words come from a different part
These words are a work of art
These words are as complex as a maze
By the time you're done reading hopefully, you'll be amazed
With that said like a great author once said let these words "set your heart ablaze"

Todas estas palabras están destinadas a la mente y al corazón
Cada vez que tienes la oportunidad de despertar, es una oportunidad para un nuevo comienzo
Todas estas palabras vienen de una parte diferente
Estas palabras son una obra de arte
Estas palabras son tan complejas como un laberinto
Cuando termines de leer, con suerte, te sorprenderás
Dicho esto, como dijo una vez un gran autor, que estas palabras "enciendan tu corazón"

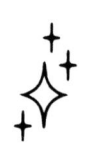

Time/Tiempo

Time...
What is time?
A friend? A teacher?
An enemy? A thief?
Or a mystery?
Time without a doubt is special
It's no secret that behind every minute every second & hour there lies a history
Time is what you make out of it
Time is how you use it that defines it
Behind every choice, there's a motive
Behind every motive, there's a feeling
Time can teach you
Time can heal you
Time can change you
Time can make or break you in The Bible it says we are like fog one second we're here the next
we're not
Time is valuable & priceless
So strange yet so true
Every second hour & minute counts so use it wisely.

Tiempo...
¿Qué es el tiempo?
¿Un amigo? ¿Un profesor?
¿Un enemigo? ¿Un ladrón?
¿O un misterio?
El tiempo, sin duda, es especial
No es ningún secreto que detrás de cada minuto, cada segundo y cada hora, hay una historia
El tiempo es lo que haces con él
El tiempo es cómo lo usas lo que lo define
Detrás de cada elección, hay un motivo
Detrás de cada motivo, hay un sentimiento
El tiempo te puede enseñar
El tiempo puede curarte
El tiempo puede cambiarte
El tiempo puede hacerte o deshacerte en La Biblia dice que somos como la niebla, un segundo
estamos aquí, al siguiente no lo estamos.
El tiempo es valioso y no tiene precio
Tan extraño y a la vez tan cierto
Cada segundo hora y minuto cuenta, así que úsalo sabiamente

Lenses

Lenses...
What are and or is lenses?
Lenses can be characters
Lenses can be reasons
Lenses can be motives
Behind every lens, there's a hat of different types shapes, colors, and sizes
In life, there are different lenses
Some are right, and some are wrong
And some are the same
In life, the characters change but the game remains the same
In life, it's best not to judge reason being is because if there is a 6 there's a 9 it's how you see it that makes something out of it
In other words, it's the angle at which you see it that dictates what it is

Memories/Memorias

Happy sad mad
Good or bad
What is a memory?
I wish I could relive some things I've had
Memories ...
Thoughts that either make you cry or laugh
Got nothing besides a photograph
Memories...
Things you hold close to your heart
Things that can tear you apart
Memories...
Things that happened
Things that are a part of history
Memories are stories
Good or bad
Happy or sad
It's what's left to remember
August September October November December
With them, we remember
Memories are thoughts that come to mind
Memories are things close to the heart
Memories, a form of art with them we're never apart
Learn and grow
Cry or laugh they never get old.

Feliz, triste, loco
Bueno o malo
¿Qué es un recuerdo?
Desearía poder revivir algunas cosas que he tenido
Recuerdos...
Pensamientos que te hacen llorar o reír
No tengo nada más que una fotografía
Recuerdos...
Cosas que tienes cerca de tu corazón
Cosas que pueden destrozarte
Recuerdos...
Cosas que sucedieron
Cosas que forman parte de la historia
Los recuerdos son historias
Bueno o malo
Feliz o triste
Es lo que queda por recordar
Agosto, Septiembre, Octubre, Noviembre, Diciembre
Con ellos, recordamos
Los recuerdos son pensamientos que vienen a la mente
Los recuerdos son cosas cercanas al corazón
Los recuerdos, una forma de arte, con ellos nunca nos separamos
Aprender y crecer
llorar o reír, nunca pasan de moda

Te amo

Estabas allí
Siempre velaste de mí
Perfecto e imperfecto
Gracias a Dios ahora haces lo correcto
Te extraño cada día
Gracias por hacer lo que no te correspondía
Perdon por juzgarte perdon por lo que no entendía
Mala Mía

♥

Tu/You

Estabas allí pero no estabas allí
Cómo quisiera que estuvieras aquí
Si me preguntan algo sobre ti la respuesta mayormente sera que sí
Soy quien soy hoy en día no gracias a ti
se como no ser gracias a ti
Te amo y siempre te voy amar pero creo que mejor las cosas son mejores así.

You were there but you weren't there
How I wish you were here
If they ask me something about you the answer will mostly be yes I am who I am
today no thanks to you I know how not to be like thanks to you
I love you, and I'll always love you but I think things are better this way

Made in the USA
Columbia, SC
18 May 2025